The Little Fox And The Moon And Other Bilingual Spanish-English Stories for Kids

Pomme Bilingual

Published by Pomme Bilingual, 2024.

While every precaution has been taken in the preparation of this book, the publisher assumes no responsibility for errors or omissions, or for damages resulting from the use of the information contained herein.

THE LITTLE FOX AND THE MOON AND OTHER BILINGUAL SPANISH-ENGLISH STORIES FOR KIDS

First edition. August 10, 2024.

Copyright © 2024 Pomme Bilingual.

ISBN: 979-8227058638

Written by Pomme Bilingual.

Table of Contents

El Conejito y el Roble Sabio

Había una vez un pequeño conejo llamado Nico, que vivía en un prado lleno de flores de todos los colores y tamaños. Nico era curioso y le encantaba saltar de un lugar a otro, explorando cada rincón del prado. Pero, a pesar de toda su energía y entusiasmo, a veces se sentía un poco solo.

Un día, mientras saltaba cerca del borde del prado, Nico encontró un gran roble. Era el árbol más viejo y sabio de todo el bosque. Sus ramas eran gruesas y fuertes, y sus hojas verdes susurraban con el viento, como si contaran secretos antiguos.

Nico se detuvo y miró hacia arriba, impresionado por la majestuosidad del roble.

—Hola —dijo tímidamente Nico—. ¿Puedo hablar contigo?

El roble, con una voz suave y profunda que parecía venir desde el corazón de la tierra, respondió:

—Claro, pequeño conejo. ¿Qué te preocupa?

Nico se sentó en la suave hierba y miró al roble con ojos grandes y brillantes.

—A veces me siento solo —confesó—. Todos los demás conejos juegan juntos, pero yo no siempre sé cómo unirme a ellos. Me pregunto si hay algo malo en mí.

El roble agitó suavemente sus hojas, como si estuviera pensando.

—No hay nada malo en ti, Nico —dijo el roble—. Todos somos diferentes, y esa es nuestra mayor fortaleza. Ser diferente significa que tienes algo único que ofrecer. ¿Por qué no muestras a los demás quién eres realmente?

Nico inclinó la cabeza, considerando las palabras del roble.

—¿Pero qué puedo ofrecer? —preguntó—. No soy grande ni fuerte. No corro tan rápido como los demás. ¿Qué tengo yo que sea especial?

El roble dejó caer una de sus hojas más doradas, que flotó suavemente hasta caer en las manos de Nico.

—Mira esta hoja —dijo el roble—. Es única, como tú. No hay otra igual en todo el mundo. Todos tenemos algo que nos hace especiales. Tal vez no lo veas ahora, pero si miras dentro de tu corazón, encontrarás tu propio brillo.

Nico sostuvo la hoja entre sus patas, sintiendo su suavidad y calidez.

—Tal vez podría... contarles a los demás sobre las cosas que veo cuando exploro el prado —dijo Nico, su voz llenándose de entusiasmo—. Siempre encuentro lugares nuevos y hermosos que nadie más ha visto.

El roble asintió con sus ramas.

—Eso es un don maravilloso, Nico. Puedes ser un guía para tus amigos, mostrando lo que ellos no han descubierto aún. Comparte tus aventuras y verás cómo te siguen, no por lo rápido que corres, sino por lo que compartes con ellos.

Nico sonrió, sintiendo que su corazón se llenaba de una nueva esperanza. Se despidió del roble con una alegre sacudida de sus orejas y corrió de regreso al prado. Cuando encontró a los otros conejos, decidió ser valiente.

—¡Venid, amigos! —llamó—. Conozco un lugar donde crecen las flores más bellas que jamás habréis visto.

Los otros conejos, intrigados por la emoción en la voz de Nico, lo siguieron. Y pronto, todos estaban saltando y riendo juntos, descubriendo los secretos del prado que solo Nico había conocido.

Desde ese día, Nico ya no se sintió solo. Había encontrado su propio brillo, y al compartirlo con los demás, había creado un vínculo de amistad que nunca se rompería.

Y así, el pequeño conejo y sus amigos vivieron felices, explorando el prado y sus maravillas, siempre recordando que, como les enseñó el viejo roble, ser diferente es lo que los hacía especiales.

The Little Bunny and the Wise Oak Tree

Once upon a time, there was a little bunny named Nico, who lived in a meadow filled with flowers of all colors and sizes. Nico was curious and loved to hop from place to place, exploring every corner of the meadow. But despite all his energy and enthusiasm, sometimes he felt a bit lonely.

One day, while hopping near the edge of the meadow, Nico found a great oak tree. It was the oldest and wisest tree in the entire forest. Its branches were thick and strong, and its green leaves whispered with the wind, as if telling ancient secrets.

Nico stopped and looked up, impressed by the oak's majesty.

"Hello," Nico said shyly. "Can I talk to you?"

The oak, with a soft, deep voice that seemed to come from the heart of the earth, replied:

"Of course, little bunny. What troubles you?"

Nico sat on the soft grass and looked at the oak with big, bright eyes.

"Sometimes I feel lonely," he confessed. "All the other bunnies play together, but I don't always know how to join them. I wonder if there's something wrong with me."

The oak gently rustled its leaves, as if thinking.

"There's nothing wrong with you, Nico," the oak said. "We are all different, and that is our greatest strength. Being different means you have something unique to offer. Why not show the others who you really are?"

Nico tilted his head, considering the oak's words.

"But what can I offer?" he asked. "I'm not big or strong. I don't run as fast as the others. What do I have that's special?"

The oak dropped one of its golden leaves, which floated gently down into Nico's paws.

"Look at this leaf," the oak said. "It's unique, like you. There isn't another like it in the whole world. We all have something that makes us special. Maybe you don't see it now, but if you look inside your heart, you'll find your own shine."

Nico held the leaf in his paws, feeling its softness and warmth.

"Maybe I could... tell the others about the things I see when I explore the meadow," Nico said, his voice filling with excitement. "I always find new and beautiful places that no one else has seen."

The oak nodded its branches.

"That's a wonderful gift, Nico. You can be a guide for your friends, showing them what they haven't discovered yet. Share your adventures, and you'll see how they follow you, not because of how fast you run, but because of what you share with them."

Nico smiled, feeling his heart fill with new hope. He said goodbye to the oak with a joyful twitch of his ears and ran back to the meadow. When he found the other bunnies, he decided to be brave.

"Come, friends!" he called. "I know a place where the most beautiful flowers grow, ones you've never seen before."

The other bunnies, intrigued by the excitement in Nico's voice, followed him. And soon, they were all hopping and laughing together, discovering the secrets of the meadow that only Nico had known.

From that day on, Nico never felt lonely again. He had found his own shine, and by sharing it with others, he had created a bond of friendship that would never break.

And so, the little bunny and his friends lived happily, exploring the meadow and its wonders, always remembering that, as the wise old oak had taught them, being different is what made them special.

La Luciérnaga y la Noche Estrellada

En un pequeño bosque, había una luciérnaga llamada Lía. Lía era pequeña y frágil, pero tenía un brillo suave y cálido que la hacía especial. Cada noche, cuando el sol se escondía detrás de las montañas y la oscuridad envolvía el bosque, Lía encendía su luz y volaba entre los árboles, iluminando el camino para los animales que necesitaban regresar a sus hogares.

Pero a pesar de su luz, Lía a veces se sentía insignificante. Miraba al cielo lleno de estrellas y se preguntaba si su pequeña luz realmente importaba. Las estrellas eran tan grandes, tan brillantes, tan infinitamente numerosas, que Lía sentía que su luz era solo un destello diminuto en un mundo vasto y oscuro.

Una noche, mientras volaba por el bosque, Lía se encontró con una vieja lechuza llamada Oto, que se posaba en una rama alta, mirando hacia el cielo.

—Hola, Oto —dijo Lía, su luz parpadeando con incertidumbre—. ¿Puedo hacerte una pregunta?

Oto, con sus grandes ojos dorados, la miró amablemente y asintió.

—Por supuesto, pequeña luciérnaga. ¿Qué es lo que te preocupa?

Lía se detuvo en el aire, mirando las estrellas lejanas.

—A veces me pregunto si mi luz realmente importa —dijo en voz baja—. Las estrellas son tan grandes y brillantes... Comparada con ellas, mi luz parece tan pequeña.

Oto inclinó la cabeza, reflexionando sobre las palabras de Lía.

—Las estrellas son hermosas, es cierto —respondió—. Pero, ¿sabes una cosa? Las estrellas están lejos, muy lejos de aquí. Su luz tarda mucho en llegar a nosotros, y aunque brillan intensamente, no pueden iluminar el bosque como lo haces tú.

Lía parpadeó, sorprendida.

—¿De verdad piensas eso? —preguntó.

—Por supuesto —dijo Oto, sonriendo—. Tu luz puede ser pequeña, pero es cercana, y eso la hace importante. Sin tu luz, muchos animales se perderían en la oscuridad. Eres como una estrella del bosque, guiando a aquellos que necesitan encontrar su camino.

Lía sintió un cálido resplandor en su corazón, que hizo que su luz brillara un poco más.

—Nunca lo había visto de esa manera —dijo, su voz llena de nueva confianza.

—No subestimes el poder de una luz pequeña en un lugar oscuro —continuó Oto—. Incluso la más diminuta chispa puede hacer una gran diferencia para aquellos que están cerca. Y recuerda, no tienes que competir con las estrellas del cielo. Tienes tu propio lugar aquí, donde eres más necesaria.

Lía asintió, comprendiendo por fin que su luz tenía un propósito especial.

—Gracias, Oto —dijo con gratitud—. A partir de ahora, iluminaré el bosque con orgullo.

Con un renovado sentido de propósito, Lía voló a través del bosque, su luz brillando con más intensidad que nunca. Los animales del bosque notaron la diferencia y siguieron su luz con confianza, sabiendo que los guiaría de manera segura a sus hogares.

Esa noche, mientras el cielo estrellado brillaba arriba, Lía comprendió que su luz, aunque pequeña, era vital para su mundo. Y así, la pequeña luciérnaga encontró su lugar en el vasto universo, sabiendo que su brillo único hacía una gran diferencia para aquellos a su alrededor.

Desde entonces, Lía volaba cada noche, orgullosa de su luz y de su papel en el bosque. Y aunque las estrellas continuaban brillando en el cielo, Lía ya no se sentía insignificante, porque sabía que en su pequeño rincón del mundo, su luz era tan importante como cualquiera de las estrellas en el cielo.

The Firefly and the Starry Night

In a small forest, there was a firefly named Lía. Lía was small and delicate, but she had a soft, warm glow that made her special. Every night, when the sun hid behind the mountains and darkness enveloped the forest, Lía would light up and fly among the trees, guiding the way for animals who needed to return home.

But despite her light, Lía sometimes felt insignificant. She would look up at the sky filled with stars and wonder if her little light really mattered. The stars were so big, so bright, so infinitely numerous, that Lía felt her light was just a tiny flicker in a vast, dark world.

One night, as she flew through the forest, Lía met an old owl named Oto, who perched on a high branch, gazing at the sky.

"Hello, Oto," Lía said, her light flickering with uncertainty. "Can I ask you a question?"

Oto, with his large golden eyes, looked at her kindly and nodded.

"Of course, little firefly. What troubles you?"

Lía paused in the air, looking up at the distant stars.

"Sometimes I wonder if my light really matters," she said softly. "The stars are so big and bright... Compared to them, my light seems so small."

Oto tilted his head, reflecting on Lía's words.

"The stars are beautiful, it's true," he replied. "But, do you know something? The stars are far, far away from here. Their light takes a long time to reach us, and although they shine brightly, they can't light up the forest like you do."

Lía blinked, surprised.

"Do you really think that?" she asked.

"Of course," Oto said, smiling. "Your light may be small, but it's close, and that makes it important. Without your light, many animals would get lost in the dark. You are like a star of the forest, guiding those who need to find their way."

Lía felt a warm glow in her heart, making her light shine a little brighter.

"I never saw it that way," she said, her voice filled with newfound confidence.

"Don't underestimate the power of a small light in a dark place," Oto continued. "Even the tiniest spark can make a big difference to those who are near. And remember, you don't have to compete with the stars in the sky. You have your own place here, where you are most needed."

Lía nodded, finally understanding that her light had a special purpose.

"Thank you, Oto," she said gratefully. "From now on, I will light up the forest with pride."

With a renewed sense of purpose, Lía flew through the forest, her light shining more brightly than ever. The animals in the forest noticed the difference and followed her light with confidence, knowing it would safely guide them home.

That night, as the starry sky shone above, Lía realized that her light, though small, was vital to her world. And so, the little firefly found her place in the vast universe, knowing that her unique glow made a big difference to those around her.

From then on, Lía flew every night, proud of her light and her role in the forest. And although the stars continued to shine in the sky, Lía no longer felt insignificant, because she knew that in her small corner of the world, her light was just as important as any of the stars in the sky.

El Pequeño Pez

En el vasto océano, lleno de criaturas de todos los tamaños y colores, vivía un pequeño pez llamado Lino. Lino era un pececillo de escamas plateadas que brillaban suavemente bajo el agua. Aunque era feliz en su hogar, a veces se sentía muy pequeño en un mundo tan grande y misterioso.

Lino pasaba sus días nadando entre los corales y jugando con las burbujas que ascendían desde el fondo marino. Pero cada vez que miraba hacia el horizonte, donde el océano parecía no tener fin, Lino sentía una mezcla de asombro y temor. ¿Cómo podía un pez tan pequeño encontrar su lugar en un mar tan vasto?

Un día, mientras nadaba cerca de un arrecife, Lino vio a una gran tortuga marina llamada Tula. Tula era sabia y vieja, y había viajado por el océano más de lo que Lino podía imaginar.

—Hola, Tula —dijo Lino con una voz tímida—. ¿Puedo preguntarte algo?

Tula, con sus ojos serenos y amables, sonrió y asintió lentamente.

—Por supuesto, pequeño Lino. ¿Qué es lo que te preocupa?

Lino se acercó un poco más, sintiendo la calidez de la presencia de Tula.

—A veces me siento tan pequeño en este enorme mar —confesó—. Hay tantos lugares que no conozco, tantas criaturas que nunca he visto. Me pregunto si mi vida aquí tiene algún significado.

Tula movió sus aletas suavemente, creando una corriente suave que rodeó a Lino como un abrazo.

—Lino, el océano es vasto y misterioso, eso es cierto —dijo Tula con una voz profunda y reconfortante—. Pero no dejes que su inmensidad te haga sentir insignificante. Cada criatura en el mar, no importa cuán pequeña sea, tiene un propósito. Tú también.

Lino miró a Tula con curiosidad.

—¿Pero cómo puedo saber cuál es mi propósito? —preguntó.

Tula miró hacia el horizonte, donde el agua se fundía con el cielo.

—El propósito no siempre es algo que se encuentra de inmediato —dijo—. A veces, es algo que descubres poco a poco, a medida que exploras y creces. No tienes que tener todas las respuestas ahora. Lo importante es seguir nadando, seguir explorando, y permitirte aprender de cada experiencia.

Lino escuchó atentamente, sintiendo que las palabras de Tula resonaban en lo más profundo de su ser.

—Entonces, ¿no debo preocuparme por ser pequeño? —preguntó.

Tula rió suavemente, una risa que sonaba como el eco del mar en una concha.

—Lino, ser pequeño no es una desventaja. De hecho, tu tamaño te permite moverte con facilidad, explorar rincones que otros no pueden alcanzar, y descubrir tesoros que muchos pasan por alto. Tu curiosidad y tu espíritu aventurero son tus mayores fortalezas.

Lino comenzó a sentir que un peso se levantaba de sus aletas. Por primera vez, se dio cuenta de que su tamaño no lo limitaba, sino que le daba la libertad de ser quien era.

—Gracias, Tula —dijo Lino con una sonrisa radiante—. A partir de ahora, nadaré con orgullo y buscaré mi propósito en cada rincón del océano.

Con una renovada confianza, Lino nadó hacia el horizonte, donde el agua brillaba bajo la luz del sol. Pasó por cuevas escondidas, jugó con cardúmenes de peces de colores y descubrió jardines submarinos llenos de vida y belleza. Y en cada aventura, Lino aprendió algo nuevo sobre el océano y sobre sí mismo.

Con el tiempo, Lino se dio cuenta de que su propósito no era algo que tuviera que encontrar de una vez. Era algo que crecía y cambiaba con él, a medida que exploraba y aprendía. Lino entendió que cada día en el océano era una oportunidad para descubrir algo nuevo, no solo sobre el mar, sino también sobre su propio corazón.

Y así, Lino vivió feliz en el vasto océano, sabiendo que aunque era pequeño, su vida tenía un gran significado. Cada burbuja que perseguía, cada corriente que seguía, cada rincón que exploraba, formaba parte de su viaje, un viaje que era tan infinito y maravilloso como el mar que lo rodeaba.

The Little Fish

In the vast ocean, full of creatures of all sizes and colors, lived a little fish named Lino. Lino was a small fish with silver scales that softly shimmered underwater. Although he was happy in his home, sometimes he felt very small in such a big and mysterious world.

Lino spent his days swimming among the corals and playing with the bubbles that rose from the ocean floor. But every time he looked towards the horizon, where the ocean seemed endless, Lino felt a mix of awe and fear. How could a fish so small find his place in such a vast sea?

One day, while swimming near a reef, Lino saw a great sea turtle named Tula. Tula was wise and old and had traveled the ocean more than Lino could imagine.

"Hello, Tula," Lino said in a shy voice. "Can I ask you something?"

Tula, with her serene and kind eyes, smiled and nodded slowly.

"Of course, little Lino. What troubles you?"

Lino swam a little closer, feeling the warmth of Tula's presence.

"Sometimes I feel so small in this huge sea," he confessed. "There are so many places I don't know, so many creatures I've never seen. I wonder if my life here has any meaning."

Tula moved her flippers gently, creating a soft current that surrounded Lino like a hug.

"Lino, the ocean is vast and mysterious, that's true," Tula said in a deep, comforting voice. "But don't let its immensity make you feel insignificant. Every creature in the sea, no matter how small, has a purpose. You do too."

Lino looked at Tula with curiosity.

"But how can I know what my purpose is?" he asked.

Tula looked towards the horizon, where the water blended with the sky.

"Purpose isn't always something you find right away," she said. "Sometimes, it's something you discover little by little as you explore and grow. You don't have to have all the answers now. What's important is to keep swimming, keep exploring, and allow yourself to learn from every experience."

Lino listened carefully, feeling that Tula's words resonated deep within him.

"So, I shouldn't worry about being small?" he asked.

Tula laughed softly, a laugh that sounded like the echo of the sea in a shell.

"Lino, being small isn't a disadvantage. In fact, your size allows you to move easily, explore corners others can't reach, and discover treasures many overlook. Your curiosity and adventurous spirit are your greatest strengths."

Lino began to feel a weight lift from his fins. For the first time, he realized that his size didn't limit him but gave him the freedom to be who he was.

"Thank you, Tula," Lino said with a radiant smile. "From now on, I'll swim with pride and seek my purpose in every corner of the ocean."

With renewed confidence, Lino swam towards the horizon, where the water sparkled under the sunlight. He passed by hidden caves, played with schools of colorful fish, and discovered underwater gardens full of life and beauty. And in each adventure, Lino learned something new about the ocean and himself.

Over time, Lino realized that his purpose wasn't something he had to find all at once. It was something that grew and changed with him as he explored and learned. Lino understood that each day in the ocean was an opportunity to discover something new, not just about the sea but also about his own heart.

And so, Lino lived happily in the vast ocean, knowing that even though he was small, his life had great meaning. Every bubble he chased, every current he followed, every corner he explored was part of his journey—a journey that was as infinite and wonderful as the sea around him.

El Zorro y la Hoja Dorada

En un bosque antiguo, donde los árboles se alzaban altos y majestuosos, vivía un pequeño zorro llamado Suri. Suri era conocido por su pelaje rojizo y su cola esponjosa, que lo hacían parecer una llama danzante cuando corría entre las hojas. Era un zorro joven, curioso y lleno de energía, siempre listo para explorar los rincones más secretos del bosque.

Cada día, Suri exploraba nuevos senderos, perseguía mariposas y olfateaba las flores silvestres que crecían a la sombra de los robles. Pero había algo que Suri deseaba más que cualquier otra cosa: encontrar la Hoja Dorada.

La Hoja Dorada era una leyenda en el bosque, un mito contado por los ancianos alrededor de las fogatas en las noches frías. Se decía que esta hoja brillaba con un resplandor dorado y que quien la encontrara recibiría sabiduría y felicidad eternas. A pesar de que muchos animales habían intentado encontrarla, ninguno había tenido éxito. Algunos decían que la hoja no existía, que solo era un cuento para los jóvenes.

Pero Suri no creía eso. Estaba convencido de que la Hoja Dorada era real, y estaba decidido a encontrarla.

Un día, después de un largo paseo por el bosque, Suri se detuvo a descansar junto a un viejo roble. Mientras cerraba los ojos, una suave brisa comenzó a soplar, trayendo consigo el susurro de las hojas. Entre esos susurros, Suri creyó escuchar algo diferente, algo que no había oído antes. Era un susurro más suave, más delicado, como una melodía escondida entre las ramas.

Suri abrió los ojos de golpe y miró a su alrededor. En lo alto del roble, algo brillaba tenuemente bajo la luz del sol. Suri entrecerró los ojos y vio una hoja dorada, balanceándose suavemente en la brisa.

—¡La Hoja Dorada! —exclamó Suri, lleno de emoción.

Sin perder un segundo, Suri comenzó a trepar el roble, con sus pequeñas patas moviéndose rápidamente sobre la corteza áspera. Cuanto más subía, más cerca estaba de la hoja. Podía ver cómo el sol reflejaba su resplandor dorado en cada vena de la hoja, haciéndola parecer una joya preciosa.

Finalmente, después de lo que le pareció una eternidad, Suri llegó a la rama donde estaba la Hoja Dorada. Se detuvo un momento para recuperar el aliento, con los ojos fijos en su premio.

Pero cuando extendió su pata para tomar la hoja, algo inesperado sucedió. La hoja se soltó de la rama y comenzó a caer lentamente hacia el suelo, como si estuviera danzando en el aire.

Suri la siguió con la mirada, sorprendido. Sin pensarlo dos veces, se lanzó tras ella, bajando ágilmente por el tronco del roble. La hoja dorada flotaba suavemente, moviéndose con la brisa, siempre un poco fuera de su alcance.

Suri corrió tan rápido como pudo, saltando sobre raíces y esquivando ramas caídas. Pero no importaba cuánto corriera, la hoja siempre parecía estar a un paso adelante, guiándolo más y más profundo en el bosque.

El sol comenzó a ponerse, tiñendo el cielo de tonos anaranjados y rosados. Suri estaba cansado, pero no quería rendirse. Sabía que la Hoja Dorada estaba cerca, y que debía alcanzarla.

Finalmente, la hoja se posó suavemente sobre una pequeña colina cubierta de musgo. Suri se acercó despacio, su corazón latiendo con fuerza. Con mucho cuidado, recogió la hoja entre sus patas y la miró de cerca. Era aún más hermosa de lo que había imaginado. Sus bordes estaban teñidos de un dorado radiante, y su textura era suave como la seda.

Pero algo extraño sucedió cuando Suri sostuvo la hoja. No sintió la sabiduría ni la felicidad que esperaba. En cambio, sintió una suave tristeza en su corazón. Había pasado todo el día persiguiendo la hoja, y aunque la tenía en sus patas, algo no se sentía bien.

Suri se sentó en la colina, mirando la hoja dorada en silencio. De repente, comprendió algo que no había entendido antes. La Hoja Dorada no era solo un objeto de deseo, no era un premio para ser ganado. Era una guía, una enseñanza. Y lo que realmente importaba no era encontrar la hoja, sino lo que había aprendido durante su búsqueda.

Mirando el cielo, que ahora estaba lleno de estrellas, Suri pensó en todo lo que había visto y experimentado ese día. Había explorado rincones del bosque que nunca antes había visitado, había corrido más rápido de lo que pensaba que podía, y había sentido la brisa en su pelaje como nunca antes. Había aprendido a no rendirse, a seguir adelante incluso cuando las cosas se volvían difíciles.

Y en ese momento, Suri entendió que la verdadera sabiduría y felicidad no provenían de encontrar la Hoja Dorada, sino de su viaje, de sus experiencias, y de lo que había descubierto sobre sí mismo.

Con una sonrisa en su rostro, Suri dejó la Hoja Dorada en la colina, donde el viento podía llevarla a otros lugares. Sabía que no necesitaba conservarla, porque su verdadero valor ya estaba en su corazón.

Suri descendió la colina, sintiéndose más ligero que nunca. Mientras caminaba de regreso a su hogar, sintió una paz profunda, una que venía de saber que había encontrado algo mucho más valioso que la hoja. Había encontrado una nueva comprensión de sí mismo y del mundo que lo rodeaba.

Esa noche, cuando Suri se acurrucó en su madriguera bajo el roble, miró hacia el cielo estrellado y sonrió. Sabía que el bosque aún tenía muchos misterios por descubrir, pero ahora estaba listo para enfrentarlos con el corazón abierto y lleno de gratitud por cada día, por cada hoja, y por cada susurro del viento.

The Fox and the Golden Leaf

In an ancient forest, where trees stood tall and majestic, lived a small fox named Suri. Suri was known for his reddish fur and fluffy tail, which made him look like a dancing flame when he ran among the leaves. He was a young fox, curious and full of energy, always ready to explore the forest's most secret corners.

Every day, Suri explored new paths, chased butterflies, and sniffed the wildflowers that grew in the shade of the oaks. But there was something Suri wanted more than anything else: to find the Golden Leaf.

The Golden Leaf was a legend in the forest, a myth told by the elders around the campfires on cold nights. It was said that this leaf glowed with a golden light and that whoever found it would receive eternal wisdom and happiness. Although many animals had tried to find it, none had succeeded. Some said the leaf didn't exist, that it was just a tale for the young.

But Suri didn't believe that. He was convinced the Golden Leaf was real, and he was determined to find it.

One day, after a long walk through the forest, Suri stopped to rest beside an old oak tree. As he closed his eyes, a gentle breeze began to blow, bringing with it the whisper of leaves. Among those whispers, Suri thought he heard something different, something he hadn't heard before. It was a softer, more delicate whisper, like a melody hidden among the branches.

Suri opened his eyes suddenly and looked around. High up in the oak tree, something was faintly glowing under the sunlight. Suri squinted and saw a golden leaf, swaying gently in the breeze.

"The Golden Leaf!" Suri exclaimed, full of excitement.

Without wasting a second, Suri began to climb the oak, his small paws moving quickly over the rough bark. The higher he climbed, the closer he got to the leaf. He could see how the sun reflected its golden glow in every vein of the leaf, making it look like a precious jewel.

Finally, after what felt like an eternity, Suri reached the branch where the Golden Leaf was. He paused for a moment to catch his breath, his eyes fixed on his prize.

But as he reached out his paw to take the leaf, something unexpected happened. The leaf detached from the branch and began to fall slowly to the ground, as if dancing in the air.

Suri watched it in surprise. Without a second thought, he leaped after it, swiftly descending the oak's trunk. The golden leaf floated gently, moving with the breeze, always just out of reach.

Suri ran as fast as he could, jumping over roots and dodging fallen branches. But no matter how fast he ran, the leaf always seemed to be a step ahead, guiding him deeper and deeper into the forest.

The sun began to set, painting the sky in shades of orange and pink. Suri was tired, but he didn't want to give up. He knew the Golden Leaf was close, and he had to reach it.

Finally, the leaf landed softly on a small moss-covered hill. Suri approached slowly, his heart pounding. Carefully, he picked up the leaf between his paws and looked at it closely. It was even more beautiful than he had imagined. Its edges were tinged with a radiant gold, and its texture was as soft as silk.

But something strange happened when Suri held the leaf. He didn't feel the wisdom or happiness he expected. Instead, he felt a gentle sadness in his heart. He had spent the whole day chasing the leaf, and even though he had it in his paws, something didn't feel right.

Suri sat on the hill, silently looking at the golden leaf. Suddenly, he understood something he hadn't realized before. The Golden Leaf wasn't just an object of desire, it wasn't a prize to be won. It was a guide, a lesson. And what really mattered wasn't finding the leaf, but what he had learned during his search.

Looking at the sky, now filled with stars, Suri thought about everything he had seen and experienced that day. He had explored corners of the forest he had never visited before, run faster than he thought he could, and felt the breeze in his fur like never before. He had learned not to give up, to keep going even when things got tough.

And at that moment, Suri realized that true wisdom and happiness didn't come from finding the Golden Leaf, but from his journey, his experiences, and what he had discovered about himself.

With a smile on his face, Suri left the Golden Leaf on the hill, where the wind could carry it to other places. He knew he didn't need to keep it, because its true value was already in his heart.

Suri descended the hill, feeling lighter than ever. As he walked back home, he felt a deep peace, one that came from knowing he had found something much more valuable than the leaf. He had found a new understanding of himself and the world around him.

That night, when Suri curled up in his den under the oak tree, he looked up at the starry sky and smiled. He knew the forest still held many mysteries to discover, but now he was ready to face them with an open heart, full of gratitude for each day, for every leaf, and for every whisper of the wind.

El Ratón y el Susurro del Bosque

En lo más profundo de un bosque encantado, donde los árboles susurraban historias antiguas y los arroyos cantaban melodías suaves, vivía un pequeño ratón llamado Nico. Nico era un ratoncito gris con ojos grandes y brillantes, siempre alerta y lleno de curiosidad. Aunque era pequeño, su corazón estaba lleno de sueños grandes y aventuras por vivir.

Nico vivía en una pequeña madriguera bajo un roble viejo. Cada mañana, cuando el sol apenas comenzaba a asomarse, Nico salía de su hogar para explorar el bosque. Se maravillaba con las flores que abrían sus pétalos al amanecer, con los pájaros que cantaban desde lo alto de las ramas y con las mariposas que danzaban en el aire.

A pesar de que disfrutaba de cada día en el bosque, había algo que siempre había intrigado a Nico: el susurro del bosque. Desde que era un ratoncito muy pequeño, había escuchado un suave susurro que parecía venir de los árboles, las flores y los ríos. No era un sonido que pudiera identificar claramente, pero estaba allí, siempre presente, como un secreto esperando ser descubierto.

Una tarde, mientras descansaba bajo la sombra de su roble favorito, Nico decidió que era el momento de descubrir el origen de aquel susurro. Sabía que el bosque era vasto y que encontrar la fuente del susurro no sería fácil, pero estaba decidido a intentarlo.

Nico comenzó su viaje al día siguiente, con el primer rayo de sol. Caminó por senderos que nunca antes había explorado, cruzó arroyos saltando de piedra en piedra, y se adentró en zonas del bosque donde la luz apenas llegaba a tocar el suelo. A medida que avanzaba, el susurro parecía hacerse más fuerte, pero aún no podía entender lo que decía.

En su camino, Nico encontró a muchos de los habitantes del bosque. Se detuvo a hablar con la señora Ardilla, quien le ofreció una nuez para el camino; saludó al viejo Búho, que lo observaba con ojos sabios desde su rama; y ayudó a un pequeño escarabajo a encontrar el camino de regreso a su hogar.

Cada encuentro hacía que el viaje de Nico fuera más enriquecedor, pero el susurro seguía siendo un misterio.

Finalmente, después de varios días de viaje, Nico llegó a un claro en el bosque. En el centro del claro había un árbol enorme, mucho más grande y viejo que cualquier otro que Nico hubiera visto. Sus ramas se extendían como brazos gigantes, y su tronco estaba cubierto de musgo y enredaderas.

Nico se acercó con cautela, sintiendo que estaba más cerca que nunca de descubrir el secreto del susurro. Mientras se acercaba al árbol, el susurro se volvió más claro, más definido. Era como si el bosque estuviera hablando directamente a su corazón.

—¿Quién eres? —preguntó Nico en voz baja, sin saber si hablaba con el árbol, con el bosque, o con el susurro mismo.

Para su sorpresa, una voz suave y cálida respondió.

—Soy el corazón del bosque, Nico —dijo la voz—. He estado aquí desde el principio, observando, escuchando, y cuidando de todos los que viven aquí.

Nico se quedó sin palabras por un momento, sorprendido de que el bosque le hablara directamente.

—He escuchado tu susurro toda mi vida —dijo Nico finalmente—. Pero nunca supe lo que querías decirme.

El árbol pareció sonreír, aunque no tenía boca.

—No es tanto lo que quiero decir, sino lo que quiero mostrarte, Nico —respondió la voz—. El susurro del bosque es la canción de la vida, es el eco de todos los seres que habitan aquí, de sus alegrías, sus tristezas, sus esperanzas y sus sueños. Es un recordatorio de que todos somos parte de algo más grande, de un ciclo que continúa siempre.

Nico sintió un calor en su corazón al escuchar estas palabras. De repente, todo lo que había experimentado en su viaje, todas las criaturas que había encontrado, cobraron un nuevo significado. Se dio cuenta de que el susurro no era un misterio que necesitaba resolver, sino una melodía que debía aprender a escuchar y a entender.

—¿Entonces, siempre estarás aquí? —preguntó Nico, con una mezcla de alivio y curiosidad.

—Siempre, Nico —dijo el corazón del bosque—. Y tú también, porque mientras escuches, mientras te permitas ser parte de esta canción, siempre estarás conectado a todos los que te rodean.

Nico cerró los ojos y se quedó quieto, permitiendo que el susurro del bosque lo envolviera por completo. Ya no era solo un sonido lejano, sino una parte de él, una parte del bosque, una parte del mundo.

Cuando finalmente abrió los ojos, el sol ya comenzaba a ponerse, tiñendo el cielo de colores cálidos. Nico se despidió del gran árbol, agradecido por la sabiduría que había recibido.

Regresó a su madriguera bajo el viejo roble, pero ahora veía el bosque con nuevos ojos. Cada susurro, cada brisa, cada hoja que caía, formaba parte de una sinfonía que él había aprendido a escuchar con el corazón.

Y así, Nico vivió feliz en el bosque, sabiendo que, aunque era pequeño, su vida tenía un significado profundo. No era solo un ratón más; era un oyente, un guardián del susurro del bosque, y su vida estaba entretejida con la de todos los demás seres del lugar.

A partir de ese día, Nico continuó explorando el bosque, pero ya no buscaba respuestas ni secretos. Ahora, cada paso que daba, cada criatura que encontraba, era una nota en la canción del bosque, una melodía que lo acompañaría siempre.

Y cada noche, al acostarse en su madriguera, Nico escuchaba el susurro del bosque con una sonrisa en su rostro, sabiendo que estaba en casa, en un lugar donde siempre sería escuchado y donde siempre podría escuchar.

The Mouse and the Whisper of the Forest

Deep within an enchanted forest, where the trees whispered ancient stories and the streams sang soft melodies, lived a little mouse named Nico. Nico was a small gray mouse with big, bright eyes, always alert and full of curiosity. Though he was small, his heart was full of big dreams and adventures waiting to happen.

Nico lived in a tiny burrow under an old oak tree. Every morning, when the sun barely began to peek over the horizon, Nico would emerge from his home to explore the forest. He marveled at the flowers that opened their petals at dawn, at the birds that sang from high up in the branches, and at the butterflies that danced in the air.

Although he enjoyed every day in the forest, there was something that had always intrigued Nico: the whisper of the forest. Since he was a very young mouse, he had heard a soft whisper that seemed to come from the trees, the flowers, and the rivers. It wasn't a sound he could clearly identify, but it was always there, ever-present, like a secret waiting to be discovered.

One afternoon, as he rested in the shade of his favorite oak tree, Nico decided it was time to discover the source of that whisper. He knew the forest was vast and that finding the source of the whisper wouldn't be easy, but he was determined to try.

Nico began his journey the next day, with the first ray of sunlight. He walked along paths he had never explored before, crossed streams by hopping from stone to stone, and ventured into parts of the forest where light barely touched the ground. As he went further, the whisper seemed to grow stronger, but he still couldn't understand what it was saying.

Along his way, Nico met many of the forest's inhabitants. He stopped to talk with Mrs. Squirrel, who offered him a nut for the journey; greeted old Mr. Owl, who watched him with wise eyes from his branch; and helped a small beetle find its way back home.

Each encounter made Nico's journey richer, but the whisper remained a mystery.

Finally, after several days of travel, Nico arrived at a clearing in the forest. In the center of the clearing stood an enormous tree, much larger and older than any other Nico had ever seen. Its branches extended like giant arms, and its trunk was covered in moss and vines.

Nico approached cautiously, feeling that he was closer than ever to discovering the secret of the whisper. As he neared the tree, the whisper became clearer, more defined. It was as if the forest was speaking directly to his heart.

"Who are you?" Nico asked softly, not knowing if he was speaking to the tree, the forest, or the whisper itself.

To his surprise, a gentle and warm voice answered.

"I am the heart of the forest, Nico," the voice said. "I have been here since the beginning, watching, listening, and caring for all who live here."

Nico was speechless for a moment, surprised that the forest was speaking directly to him.

"I've heard your whisper all my life," Nico finally said. "But I never knew what you wanted to tell me."

The tree seemed to smile, even though it had no mouth.

"It's not so much what I want to say, but what I want to show you, Nico," the voice replied. "The whisper of the forest is the song of life; it's the echo of all the beings who live here, their joys, their sorrows, their hopes, and their dreams. It's a reminder that we are all part of something bigger, of a cycle that continues always."

Nico felt warmth in his heart as he listened to these words. Suddenly, everything he had experienced on his journey, all the creatures he had met, took on a new meaning. He realized that the whisper wasn't a mystery he needed to solve, but a melody he needed to learn to hear and understand.

"Then, you will always be here?" Nico asked, with a mix of relief and curiosity.

"Always, Nico," said the heart of the forest. "And so will you, because as long as you listen, as long as you allow yourself to be part of this song, you will always be connected to everyone around you."

Nico closed his eyes and stayed still, allowing the whisper of the forest to envelop him completely. It was no longer just a distant sound but a part of him, a part of the forest, a part of the world.

When he finally opened his eyes, the sun was already setting, painting the sky with warm colors. Nico said goodbye to the great tree, grateful for the wisdom he had received.

He returned to his burrow under the old oak, but now he saw the forest with new eyes. Every whisper, every breeze, every falling leaf was part of a symphony he had learned to listen to with his heart.

And so, Nico lived happily in the forest, knowing that although he was small, his life had a deep meaning. He was not just another mouse; he was a listener, a guardian of the forest's whisper, and his life was intertwined with that of all the other beings in the place.

From that day on, Nico continued to explore the forest, but he no longer sought answers or secrets. Now, every step he took, every creature he met, was a note in the song of the forest, a melody that would accompany him always.

And every night, as he lay down in his burrow, Nico listened to the whisper of the forest with a smile on his face, knowing that he was home, in a place where he would always be heard and where he could always listen.

El Zorro y la Luna

Había una vez, en un rincón tranquilo del bosque, un zorro llamado Sol que vivía solo en una cueva al pie de una colina. Sol era un zorro pequeño, con un pelaje rojo brillante que destacaba incluso en las noches más oscuras. Aunque su nombre sugería luz y calor, Sol a menudo se sentía solo y algo triste. Veía a otros animales del bosque compartir su tiempo juntos, pero él siempre había sido diferente, prefiriendo la soledad y el silencio.

Cada noche, cuando el sol se ocultaba y el bosque se llenaba de sombras, Sol salía de su cueva para caminar bajo la luz de la luna. Le gustaba cómo la luna iluminaba suavemente los senderos del bosque y cómo su luz plateada hacía que todo pareciera más tranquilo, más mágico.

Una noche, mientras caminaba por un claro del bosque, Sol levantó la vista y se encontró con una luna llena resplandeciente que brillaba más que nunca. Era tan grande y brillante que parecía casi al alcance de su pata.

—¡Qué hermosa eres, Luna! —exclamó Sol, con el corazón lleno de admiración.

Para su sorpresa, la Luna respondió.

—Gracias, pequeño zorro —dijo la Luna con una voz suave y melódica que parecía llenar todo el claro—. Pero, ¿por qué estás aquí solo, en lugar de estar con los demás animales del bosque?

Sol se sorprendió al escuchar la voz de la Luna, pero no se asustó. De hecho, se sintió extrañamente reconfortado.

—Siempre he sido un poco diferente —respondió Sol, mirando sus patas—. Me gusta la tranquilidad, la paz de la noche. Durante el día, me siento abrumado por todo el ruido y el ajetreo del bosque.

La Luna brilló aún más, como si sonriera.

—Entiendo —dijo la Luna—. Pero la soledad puede ser pesada, incluso para un zorro valiente como tú.

Sol suspiró. Sabía que la Luna tenía razón. Aunque amaba la noche y la paz que traía, también sentía un vacío en su corazón, una sensación de estar solo en medio de tanta belleza.

La Luna, al ver el reflejo de la tristeza en los ojos de Sol, le ofreció un consejo.

—Sol —dijo la Luna—, a veces, la luz que buscas en la soledad no es suficiente para llenar el vacío en tu corazón. Aunque disfrutes de la tranquilidad, también necesitas la calidez de la compañía. La amistad es como la luz del día, brilla en tu corazón y te da fuerza.

Sol se quedó en silencio, pensando en las palabras de la Luna. Nunca había considerado que la soledad pudiera ser una carga, siempre pensó que era parte de su naturaleza.

—Pero no sé cómo hacerlo —confesó Sol—, no sé cómo acercarme a los demás. Siempre he sido diferente, y tengo miedo de que no me entiendan.

La Luna brilló con un resplandor suave y acogedor.

—Todos en el bosque son diferentes —dijo la Luna—, y esa diferencia es lo que nos hace únicos y especiales. No tengas miedo de ser tú mismo, Sol. Comparte tu luz con los demás, y verás que la oscuridad de la soledad se desvanecerá.

Sol sintió una cálida chispa en su corazón, como si la luz de la Luna lo hubiera tocado directamente. Decidió que intentaría ser más valiente, que se abriría al bosque y a sus habitantes.

Esa misma noche, Sol se dirigió al río donde los otros animales solían reunirse para beber agua bajo la luna llena. Al llegar, los animales lo miraron con curiosidad, pues no estaban acostumbrados a ver al pequeño zorro rojo entre ellos.

Sol respiró hondo y, recordando las palabras de la Luna, dio un paso adelante.

—Hola —dijo con una voz suave pero firme—. Soy Sol, y aunque a menudo prefiero la tranquilidad de la noche, he venido a conocerlos mejor.

Para su sorpresa, los otros animales lo recibieron con sonrisas y saludos cálidos. La señora Liebre le ofreció una zanahoria, el señor Búho le contó una historia de sabiduría, y los pequeños ratones lo invitaron a jugar con ellos. Sol se dio cuenta de que, aunque había temido este momento, los otros animales no lo rechazaban por ser diferente; al contrario, lo aceptaban por lo que era.

Esa noche, por primera vez, Sol se quedó en el río hasta que la Luna comenzó a desaparecer en el horizonte. Sintió que el vacío en su corazón se llenaba poco a poco, no solo con la luz de la Luna, sino también con la calidez de la amistad.

Cuando finalmente regresó a su cueva, Sol ya no se sentía solo. Ahora sabía que podía disfrutar de la paz de la noche y al mismo tiempo compartir momentos con los demás. Se dio cuenta de que la verdadera luz, la que podía iluminar incluso los rincones más oscuros de su corazón, era la que se encontraba en la conexión con los demás.

Desde entonces, Sol siguió caminando por el bosque bajo la luz de la luna, pero también pasó más tiempo con los otros animales. Descubrió que la amistad no significaba renunciar a su amor por la noche, sino que añadía una nueva dimensión a su vida, una dimensión llena de risas, compañía y calidez.

Y cada vez que la Luna llena brillaba en el cielo, Sol miraba hacia arriba y sonreía, sabiendo que había encontrado un equilibrio en su vida, un equilibrio entre la soledad y la compañía, entre la tranquilidad y la alegría compartida.

La Luna, desde lo alto, continuaba observando a Sol con ternura, sabiendo que había ayudado a un pequeño zorro a encontrar su lugar en el mundo.

The Fox and the Moon

Once upon a time, in a quiet corner of the forest, there lived a fox named Sol who lived alone in a cave at the foot of a hill. Sol was a small fox with bright red fur that stood out even on the darkest nights. Although his name suggested light and warmth, Sol often felt lonely and a bit sad. He saw other animals in the forest spending time together, but he had always been different, preferring solitude and silence.

Every night, when the sun set and the forest filled with shadows, Sol would leave his cave to walk under the light of the moon. He liked how the moon gently illuminated the forest paths and how its silver light made everything seem calmer, more magical.

One night, as he walked through a clearing in the forest, Sol looked up and found a shining full moon, brighter than ever. It was so large and bright that it seemed almost within reach of his paw.

"How beautiful you are, Moon!" Sol exclaimed, his heart full of admiration.

To his surprise, the Moon responded.

"Thank you, little fox," said the Moon with a soft, melodic voice that seemed to fill the entire clearing. "But why are you here alone instead of being with the other animals of the forest?"

Sol was surprised to hear the Moon's voice, but he wasn't afraid. In fact, he felt strangely comforted.

"I've always been a bit different," Sol replied, looking down at his paws. "I like the tranquility, the peace of the night. During the day, I feel overwhelmed by all the noise and bustle of the forest."

The Moon shone even brighter, as if smiling.

"I understand," said the Moon. "But loneliness can be heavy, even for a brave fox like you."

Sol sighed. He knew the Moon was right. Although he loved the night and the peace it brought, he also felt an emptiness in his heart, a sense of being alone amid so much beauty.

The Moon, seeing the reflection of sadness in Sol's eyes, offered him some advice.

"Sol," said the Moon, "sometimes the light you seek in solitude is not enough to fill the emptiness in your heart. Even though you enjoy the tranquility, you also need the warmth of companionship. Friendship is like the light of day; it shines in your heart and gives you strength."

Sol stayed silent, thinking about the Moon's words. He had never considered that loneliness could be a burden; he always thought it was part of his nature.

"But I don't know how to do it," Sol confessed, "I don't know how to approach others. I've always been different, and I'm afraid they won't understand me."

The Moon shone with a gentle, welcoming glow.

"Everyone in the forest is different," said the Moon, "and that difference is what makes us unique and special. Don't be afraid to be yourself, Sol. Share your light with others, and you'll see that the darkness of loneliness will fade away."

Sol felt a warm spark in his heart, as if the Moon's light had touched him directly. He decided he would try to be braver, to open himself up to the forest and its inhabitants.

That very night, Sol went to the river where the other animals usually gathered to drink water under the full moon. When he arrived, the animals looked at him with curiosity, for they weren't used to seeing the little red fox among them.

Sol took a deep breath and, remembering the Moon's words, took a step forward.

"Hello," he said in a soft but firm voice. "I'm Sol, and although I often prefer the tranquility of the night, I've come to get to know you better."

To his surprise, the other animals welcomed him with smiles and warm greetings. Mrs. Hare offered him a carrot, Mr. Owl told him a story full of wisdom, and the little mice invited him to play with them. Sol realized that although he had feared this moment, the other animals didn't reject him for being different; on the contrary, they accepted him for who he was.

That night, for the first time, Sol stayed by the river until the Moon began to disappear on the horizon. He felt the emptiness in his heart gradually filling, not just with the Moon's light but also with the warmth of friendship.

When he finally returned to his cave, Sol no longer felt alone. Now he knew that he could enjoy the peace of the night while also sharing moments with others. He realized that the true light, the one that could illuminate even the darkest corners of his heart, was the one found in connection with others.

From then on, Sol continued to walk through the forest under the light of the moon, but he also spent more time with the other animals. He discovered that friendship didn't mean giving up his love for the night but rather added a new dimension to his life, a dimension filled with laughter, companionship, and warmth.

And every time the full moon shone in the sky, Sol looked up and smiled, knowing that he had found a balance in his life, a balance between solitude and companionship, between tranquility and shared joy.

The Moon, from above, continued to watch Sol with affection, knowing that it had helped a little fox find his place in the world.

Las Olas y el Pequeño Pescador

Había una vez, en un pequeño pueblo costero, un niño llamado Lucas que soñaba con ser pescador, igual que su abuelo. Lucas era un niño de ojos grandes y curiosos, con una risa que podía escucharse desde la playa hasta las colinas. Le encantaba el mar, y todos los días después de la escuela, corría hasta la orilla para contemplar las olas romper contra las rocas y la arena.

El abuelo de Lucas había sido un pescador muy sabio y le había contado muchas historias sobre el mar y sus secretos. Una de las historias que más fascinaba a Lucas era la de las olas. El abuelo le había dicho que las olas no eran solo agua moviéndose con el viento; eran mensajeras del mar, que traían consigo historias y enseñanzas del océano profundo.

Una tarde, mientras Lucas estaba sentado en la playa observando las olas, sintió una suave brisa que le acariciaba el rostro. De repente, una ola más grande que las demás se acercó a la orilla, y en su cresta, Lucas vio algo que lo dejó sin aliento. Parecía como si la ola le hablara, como si tuviera algo importante que decirle.

—Hola, pequeña ola —dijo Lucas en voz baja, sintiéndose un poco tonto por hablarle al agua—. ¿Tienes algo que contarme?

Para su sorpresa, la ola respondió.

—Hola, pequeño pescador —dijo la ola con una voz suave, que sonaba como un susurro del viento—. Soy una mensajera del mar, y he venido a contarte una historia.

Lucas abrió los ojos de par en par, maravillado por lo que estaba ocurriendo. Nunca había imaginado que una ola pudiera hablar.

—¿Qué historia me vas a contar? —preguntó Lucas, su voz llena de expectación.

—Te contaré la historia de las olas y su viaje —respondió la ola, mientras se balanceaba suavemente frente a él—. Nosotras, las olas, nacemos en el océano, en lo más profundo y lejano. Nuestra vida comienza como un pequeño murmullo bajo la superficie, un susurro que crece y crece hasta que emergemos y empezamos nuestro viaje hacia la costa.

Lucas escuchaba con atención, fascinado por las palabras de la ola.

—Cada una de nosotras es diferente —continuó la ola—. Algunas somos grandes y poderosas, otras somos pequeñas y gentiles. Algunas viajamos grandes distancias, mientras que otras nunca se alejan mucho de donde nacimos. Pero todas nosotras compartimos el mismo destino: llegar a la orilla.

—¿Y qué pasa cuando llegas a la orilla? —preguntó Lucas, que empezaba a entender la historia.

—Al llegar a la orilla, nuestras formas cambian, y nos convertimos en espuma que se mezcla con la arena —explicó la ola—. Pero aunque desaparecemos de la vista, nuestro viaje no termina ahí. Volvemos al océano, nos unimos de nuevo con el agua que nos dio vida, y empezamos otro viaje, otra vez.

Lucas sonrió al escuchar esto. Le parecía una historia maravillosa, llena de magia y misterio.

—Eso suena hermoso —dijo Lucas, sintiéndose más conectado con el mar que nunca—. ¿Significa que siempre vuelves al mar, sin importar lo que pase?

La ola asintió, su cresta brillando bajo la luz del sol que empezaba a ponerse.

—Sí, pequeño pescador. No importa cuántas veces lleguemos a la orilla, siempre volvemos al mar. Es nuestro ciclo, nuestro propósito. Al igual que tú, tenemos un destino, y cada viaje que hacemos nos enseña algo nuevo, nos hace más fuertes y más sabias.

Lucas se quedó en silencio por un momento, pensando en las palabras de la ola. Se dio cuenta de que había una lección profunda en esa historia, algo que podía aplicar a su propia vida.

—Creo que entiendo lo que me quieres decir —dijo finalmente—. A veces, aunque me enfrente a cosas difíciles, como cuando trato de aprender algo nuevo o cuando me siento solo, debo recordar que es parte de mi viaje. Y aunque no siempre sea fácil, siempre puedo volver a intentarlo, como tú vuelves al mar.

La ola hizo una suave reverencia, como si estuviera agradecida por la comprensión de Lucas.

—Exactamente, pequeño pescador —dijo—. Nunca debes temer al viaje ni a los desafíos que enfrentas. Cada ola que ves ha tenido su propia lucha, pero cada una sigue adelante, sabiendo que volverá al mar, donde todo comenzó.

Lucas sintió una oleada de gratitud hacia la ola y hacia el mar. Se dio cuenta de que no estaba solo en su viaje, que tenía a las olas y al océano como compañeros y guías.

—Gracias por compartir tu historia conmigo —dijo Lucas—. Prometo recordar tus palabras y ser valiente en mi propio viaje.

La ola sonrió, si es que una ola puede sonreír, y se retiró suavemente hacia el mar, mezclándose con las demás olas que llegaban a la orilla.

Desde ese día, cada vez que Lucas se sentía desanimado o enfrentaba un desafío, recordaba la historia de la ola. Sabía que, como las olas, él también tenía un propósito y un destino. Y aunque su viaje podría estar lleno de altibajos, siempre tendría la oportunidad de volver a intentarlo, de aprender y crecer con cada nueva experiencia.

Así, Lucas creció para convertirse en un gran pescador, uno que no solo conocía los secretos del mar, sino también las lecciones que las olas le habían enseñado. Sabía que el verdadero viaje no era solo navegar por el océano, sino también entender las corrientes invisibles que guiaban su vida, tal como las olas eran guiadas por el viento y la luna.

Y cada vez que lanzaba su red al mar, Lucas sonreía, sabiendo que, como las olas, él también estaba en un viaje interminable, lleno de descubrimientos y enseñanzas.

53

The Waves and the Little Fisherman

———

Once upon a time, in a small coastal town, there was a boy named Lucas who dreamed of becoming a fisherman, just like his grandfather. Lucas was a boy with big, curious eyes and a laugh that could be heard from the beach to the hills. He loved the sea, and every day after school, he would run to the shore to watch the waves crash against the rocks and the sand.

Lucas's grandfather had been a very wise fisherman and had told him many stories about the sea and its secrets. One of the stories that fascinated Lucas the most was about the waves. His grandfather had told him that the waves were not just water moving with the wind; they were messengers of the sea, bringing with them stories and teachings from the deep ocean.

One afternoon, while Lucas was sitting on the beach watching the waves, he felt a gentle breeze caress his face. Suddenly, a wave larger than the others approached the shore, and in its crest, Lucas saw something that took his breath away. It seemed as if the wave was speaking to him, as if it had something important to say.

"Hello, little wave," Lucas said softly, feeling a bit silly for talking to the water. "Do you have something to tell me?"

To his surprise, the wave responded.

"Hello, little fisherman," said the wave in a soft voice, sounding like a whisper in the wind. "I am a messenger of the sea, and I have come to tell you a story."

Lucas's eyes widened, marveling at what was happening. He had never imagined that a wave could talk.

"What story are you going to tell me?" Lucas asked, his voice full of anticipation.

"I will tell you the story of the waves and their journey," replied the wave as it swayed gently in front of him. "We, the waves, are born in the ocean, in the deepest and farthest places. Our life begins as a small murmur beneath the surface, a whisper that grows and grows until we emerge and begin our journey toward the shore."

Lucas listened intently, fascinated by the wave's words.

"Each of us is different," the wave continued. "Some of us are big and powerful, others are small and gentle. Some of us travel great distances, while others never stray far from where we were born. But all of us share the same destiny: to reach the shore."

"And what happens when you reach the shore?" Lucas asked, beginning to understand the story.

"When we reach the shore, our forms change, and we become foam that mixes with the sand," the wave explained. "But even though we disappear from sight, our journey doesn't end there. We return to the ocean, rejoining the water that gave us life, and we start another journey, all over again."

Lucas smiled as he heard this. It seemed like a wonderful story, full of magic and mystery.

"That sounds beautiful," Lucas said, feeling more connected to the sea than ever. "Does that mean you always return to the sea, no matter what?"

The wave nodded, its crest shining under the setting sun.

"Yes, little fisherman. No matter how many times we reach the shore, we always return to the sea. It is our cycle, our purpose. Just like you, we have a destiny, and each journey we take teaches us something new, makes us stronger and wiser."

Lucas remained silent for a moment, thinking about the wave's words. He realized that there was a deep lesson in that story, something he could apply to his own life.

"I think I understand what you're trying to tell me," he finally said. "Sometimes, even when I face difficult things, like when I'm trying to learn something new or when I feel lonely, I have to remember that it's part of my journey. And even though it's not always easy, I can always try again, just like you return to the sea."

The wave made a gentle bow, as if it were grateful for Lucas's understanding.

"Exactly, little fisherman," the wave said. "You should never fear the journey or the challenges you face. Every wave you see has had its own struggles, but each one keeps moving forward, knowing it will return to the sea, where it all began."

Lucas felt a wave of gratitude toward the wave and the sea. He realized that he was not alone in his journey, that he had the waves and the ocean as companions and guides.

"Thank you for sharing your story with me," Lucas said. "I promise to remember your words and be brave on my own journey."

The wave smiled, if a wave could smile, and gently retreated into the sea, blending with the other waves as they reached the shore.

From that day on, whenever Lucas felt discouraged or faced a challenge, he remembered the wave's story. He knew that, like the waves, he too had a purpose and a destiny. And although his journey might be full of ups and downs, he would always have the opportunity to try again, to learn and grow with each new experience.

Thus, Lucas grew up to become a great fisherman, one who not only knew the secrets of the sea but also the lessons the waves had taught him. He understood that the true journey was not just sailing across the ocean, but also understanding the invisible currents that guided his life, just as the waves were guided by the wind and the moon.

And every time he cast his net into the sea, Lucas smiled, knowing that, like the waves, he too was on an endless journey, full of discoveries and teachings.